AF458162

BIBLIOPHILES CONTEMPORAINS

ACADÉMIE DES BEAUX LIVRES

STATUTS ET RÈGLEMENT

SUIVIS

DE LA LISTE DES

MEMBRES FONDATEURS

BIBLIOPHILES CONTEMPORAINS

ACADÉMIE DES BEAUX LIVRES

STATUTS ET RÈGLEMENT

SUIVIS

DE LA LISTE DES

MEMBRES FONDATEURS

TIRAGE

A DEUX CENTS EXEMPLAIRES

---

160 exemplaires destinés aux Membres Fondateurs.

5 destinés au Premier Fondateur, aux Présidents et Membres d'Honneur.

2 à l'approbation du Préfet de Police.

22 aux Membres Suppléants.

11 réservés aux Archives de la Société pour les Candidats futurs.

SOCIÉTÉ

DES

BIBLIOPHILES CONTEMPORAINS

— *Académie des Beaux Livres* —

STATUTS ET RÈGLEMENT

SUIVIS

de la Liste, Noms et Adresses

DES

MEMBRES FONDATEURS

A PARIS

Imprimé pour les

BIBLIOPHILES CONTEMPORAINS

Novembre 1889

STATUTS

AUX

BIBLIOPHILES CONTEMPORAINS

Avertissement

Les Statuts et Règlement *de notre Société nouvelle, qui sont soumis à l'approbation des Cent soixante Membres Fondateurs, ont été élaborés avec un grand souci d'équité et, en quelque sorte, avec une véritable prud'homie, par le Premier Fondateur assisté de deux Sociétaires de notre* Académie des Beaux Livres, *qui ont bien voulu apporter à l'établissement de notre Constitution l'appui de leurs connaissances en matière de Jurisprudence administrative.*

La rédaction de ce petit Contrat social a été faite avec autant de concision, de netteté et de clarté qu'il a été possible.

Cependant, tout en nous complaisant à vanter la conscience qui a présidé à ce travail codifié, où nous pensons avoir sérieusement tout prévu, nous ne pouvons être seuls juges de notre impeccabilité et nous prions nos Collègues de vouloir bien lire et relire attentivement ces Statuts et Règlement *et d'en rechercher les fautes et les lacunes avant de les voter intégralement.*

Nous faisons appel au jugement et à la clairvoyance de tous les Sociétaires Fondateurs des Bibliophiles Contemporains *afin que chacun d'eux puisse soumettre, lors de la Réunion Constitutive du* 18 *novembre* 1889, *les modifications qu'il pourrait y avoir à faire discuter et admettre en délibération des Membres constituants assemblés.*

Nous formons espoir toutefois que l'esprit et la tenue générale de ces Statuts et Règlement plairont à la majorité de nos Collègues et qu'ils y verront que la courtoisie s'y montre toujours, même dans les mesures de rigueur qui doivent être prévues pour notre propre garantie sociale.

Paris, ce 4 novembre 1889.

O. U.

SOCIÉTÉ

DES

BIBLIOPHILES CONTEMPORAINS

Académie des Beaux Livres

STATUTS

CONSTITUTION ET OBJET DE LA SOCIÉTÉ.

Article premier.

Il est formé, à Paris, sur l'initiative personnelle de M. Octave Uzanne, directeur du *Livre,* avec le concours de Bibliophiles, de littérateurs et d'artistes, une Compagnie qui prend pour titre : *Société des Bibliophiles Contemporains. — Académie des Beaux Livres.*

Art. 2.

Cette société a pour but :

1° D'établir entre ses membres, tant au moyen de réunions que par voie de correspondance, un échange d'idées, un centre commun pour l'étude des recherches, combinaisons, découvertes et procédés artistiques nouveaux les plus propres à produire dans l'Art du Livre de luxe le plus haut degré possible de perfection ;

2° De mettre en œuvre les résultats de cette étude par la publication d'ouvrages — (principalement d'ouvrages, inédits autant que possible, dus à des auteurs contemporains), — qui, par leur valeur littéraire ou leur attrait de curiosité, aussi bien que par le goût, l'ingéniosité et la beauté de leur exécution matérielle, l'originalité, le charme et la grâce de leur illustration, offrent aux connaisseurs un exceptionnel intérêt.

Art. 3.

Le but que poursuit la Société étant d'ordre purement littéraire et artistique, toute discussion politique ou religieuse est formellement interdite dans ses réunions.

ORGANISATION. — RECRUTEMENT.

Art. 4.

Le siège de la Société est fixé à Paris, au domicile de l'Archiviste-trésorier.

Son exercice annuel commence au 1er Novembre de chaque année.

Elle est administrée par un comité composé de :

1° Un Président ;
2° Un premier et un second Vice-Président ;
3° Un Archiviste-Trésorier ;
4° Un Secrétaire et un Secrétaire adjoint ;
5° Quatre Assesseurs.

Art. 5.

La Société se recrute parmi les Bibliophiles, artistes, littérateurs et érudits de tous pays.

Les dames y peuvent être admises, jusqu'à concurrence d'un dixième du nombre des Membres *Titulaires*.

Art. 6.

Le nombre des Membres de la « Société des Bibliophiles Contemporains » est et demeure fixé à Cent soixante, non compris M. Octave Uzanne qui, — à raison des services qu'il a rendus pour la fondation et l'organisation de la Compagnie, — reçoit le titre perpétuel de *Premier Fondateur*. Les Membres Titulaires ayant participé à la formation de la Société — (soit les Cent soixante premiers adhérents) — ont seuls droit au titre de *Fondateur*.

Art. 7.

En dehors des membres *Titulaires*, la Société n'admet ni Membres correspondants ni Membres libres. Toutefois, elle se réserve la faculté de décerner, en Assemblée générale, le titre de *Président d'honneur* et celui de *Membre d'honneur* à des personnages éminents par le talent ou le rang qui auront, à un titre quelconque, bien mérité des Bibliophiles.

Le nombre des Présidents d'honneur est limité à six, celui des Membres d'honneur à douze.

Ils prennent place sur l'Annuaire immédiatement après le Premier Fondateur.

OBLIGATIONS DES SOCIÉTAIRES.

Art. 8.

Chaque Membre *Titulaire* est débiteur envers l'association : 1° du droit d'entrée ; 2° de la cotisation annuelle ; 3° d'une quote-part contributive dans les dépenses occasionnées par les publications de la Société.

Le Règlement intérieur détermine le montant et le mode de perception de ces redevances.

ADMISSIONS. — DÉMISSIONS. — RADIATIONS.

Art. 9.

Il est pourvu aux vacances qui peuvent se produire par suite de décès, démission ou radiation, dans les conditions suivantes :

Toute personne désirant faire partie de la Société devra adresser au Président une demande d'admission signée d'elle et de deux Sociétaires (ne faisant pas partie du comité) qui lui serviront de parrains.

Cette demande sera communiquée par le Président au Comité qui désignera un ou, s'il le juge à propos, deux de ses Membres pour procéder, avec toute la courtoisie convenable, à une enquête sérieuse sur l'honorabilité du candidat et sur ses titres à l'admission (amour des livres, travaux littéraires ou artistiques, etc.).

Art. 10.

Le candidat dont la demande aura été agréée, après enquête, par le Comité, fera parvenir au Président son adhésion signée aux Statuts et Règlement intérieur dont un exemplaire lui sera remis.

Sa candidature sera alors portée, par une circulaire, à la connaissance des sociétaires, qui statueront définitivement par un vote émis au scrutin secret dans la plus prochaine Assemblée générale.

Toute candidature n'ayant pas réuni la majorité des suffrages exprimés — (laquelle ne pourra être inférieure aux deux cinquièmes du nombre des Membres titulaires, soit soixante-quatre voix) — sera ajournée.

Toute candidature ajournée dans une deuxième épreuve, qui pourra avoir lieu après un intervalle d'une année, sera définitivement écartée.

Art. 11.

Le Membre qui désirera se retirer de la Société

devra adresser par écrit sa démission au Président, avant le 1er Août de l'année courante; sinon il sera tenu de payer sa cotisation pour l'année suivante. La démission n'exonère pas de la quote-part contributive dans les frais de l'ouvrage en cours d'exécution.

Aucun Membre démissionnaire ne pourra de nouveau faire partie de l'association.

Art. 12.

Le décès ou la démission d'un Membre, non plus que sa radiation ne constituent, soit au profit du Sociétaire démissionnaire ou radié, soit au profit des héritiers du Membre décédé, aucun droit de répétition ni sur les sommes par lui versées, ni sur l'actif de la Société.

Art. 13.

La première condition pour être admis dans la Société étant une honorabilité parfaite, dûment constatée par l'enquête dont il est parlé à l'article 9, on doit espérer qu'aucune radiation ne sera nécessaire.

Si, cependant, une plainte contre un Sociétaire était déposée entre les mains du Président, celui-ci devrait, sans retard, en saisir le Comité auquel il adjoindrait une Commission de six Membres à l'effet de procéder à une enquête contradictoire.

Le rapport des commissaires serait soumis à l'Assemblée générale qui statuerait dans les mêmes formes que pour l'admission.

Le procès-verbal de cette séance ne devrait faire mention que de la décision de l'Assemblée. En cas de radiation, les pièces de l'enquête seraient immédiatement détruites.

ASSEMBLÉES GÉNÉRALES.

Art. 14.

La Société se réunit en Assemblée générale *ordinaire*, dans la seconde Quinzaine de Novembre, pour procéder :

1° A l'élection du Comité;

2° A l'examen et à l'approbation des comptes de l'Archiviste-trésorier;

3° A l'Élection de nouveaux Membres, s'il y a lieu;

4° Au choix, sur le rapport du Président, d'une ou de plusieurs des Publications acceptées par les Sociétaires, précédemment consultés comme il est dit en l'article 15 du Règlement;

5° Au vote des dépenses de cette ou de ces Publications;

6° A la destruction des documents dont il est question en l'article 19 du règlement.

7° A l'adjudication des dessins originaux ayant servi aux Publications de la Société;

8° Enfin, à la discussion de toutes questions portées à l'Ordre du jour par le Comité.

Art. 15.

La Société peut, en outre, être réunie en Assemblée générale *extraordinaire*, — soit sur l'initiative du Président ou du Comité, chaque fois que les intérêts sociaux l'exigent, — soit sur une demande motivée, adressée au Président et signée de vingt Sociétaires au moins.

Art. 16.

Sauf pour le cas de dissolution (voir ci-après l'art. 18), toutes les décisions de l'Assemblée générale sont prises au scrutin secret, à la majorité des votants, qui ne pourra être moindre des deux cinquièmes du nombre total des Sociétaires — (64 voix).

Il n'est pas tenu compte des bulletins blancs.

Les Membres absents peuvent se faire représenter par un collègue dûment autorisé par eux, ou adresser directement leurs pouvoirs au Président.

Art. 17.

Les décisions prises en conformité des Statuts et du Règlement intérieur obligent tous les Sociétaires sans exception.

DE LA DISSOLUTION.

Art. 18.

La dissolution de la Société ne pourra être prononcée que par une Assemblée générale extraordinaire, spécialement convoquée un mois à l'avance, — soit sur une proposition présentée par le Président agissant au nom du Comité, — soit sur une demande motivée, signée par vingt Membres au minimum.

Le vote au scrutin secret prononçant la dissolution devra réunir un nombre de voix (tant de Membres présents que de Membres régulièrement représentés) égal au moins à la moitié plus un — (soit 81 suffrages) — du nombre total des Sociétaires.

Si ce chiffre n'est pas atteint, ou en cas de partage égal des voix, l'ajournement à trois mois sera de plein droit. — Une seconde Assemblée générale extraordinaire, convoquée dans les mêmes formes que la première, décidera alors définitivement, à la majorité relative, quel que soit le nombre des votants.

En cas de dissolution, l'Assemblée générale extraordinaire nommera immédiatement une Commission de sept Membres, chargée de procéder à la liquidation suivant les règles du droit commun.

DISPOSITIONS GÉNÉRALES.

Art. 19.

Les fonds libres de la Société, après prélèvement des frais d'administration, de bureau, d'Annuaire, de Publications (y compris, s'il y a lieu, les droits d'auteurs, honoraires de rédaction, etc.) et autres dépenses régulièrement votées par l'Assemblée générale, seront placés en dépôt à la Banque de France, par les soins de l'Archiviste-Trésorier, qui ne devra pas garder habituellement plus d'un millier de francs en caisse.

Art. 20.

Un Règlement voté par l'Assemblée générale détermine l'ordre des travaux, les conditions d'Administration intérieure, le taux des cotisations, et, en général, toutes les dispositions de détail propres à assurer l'exécution des Statuts.

Art. 21.

Les présents Statuts et le Règlement intérieur voté en exécution de l'article précédent ne pourront être modifiés que sur la proposition du Comité ou de vingt membres au moins. Les modifications présentées seront discutées en une première Assemblée générale extraordinaire et adoptées, s'il y a lieu, dans la forme usitée, dans une seconde assemblée tenue à trois mois d'intervalle.

Art. 22.

Les délibérations concernant tout changement aux Statuts ne seront définitives qu'après avoir été soumises à l'agrément de l'Autorité compétente.

Chaque année, dans le courant de décembre, le Président fera parvenir à l'Autorité administrative la liste des Membres du Comité, ainsi qu'un compte rendù sommaire sur la situation morale et financière de la Société.

RÈGLEMENT INTÉRIEUR

SOCIÉTÉ

DES

BIBLIOPHILES CONTEMPORAINS

Académie des Beaux Livres

RÈGLEMENT INTERIEUR

La Société des *Bibliophiles Contemporains* s'est constituée dans l'Assemblée générale du 18 novembre 1889 et a voté le présent Règlement intérieur.

DU COMITÉ.

Article premier.

Conformément à l'article 4 des Statuts, la Société est administrée par un Comité ou Bureau composé de :

1° Un Président,
2° Un premier et un second Vice-Président,

3° Un Archiviste-Trésorier,
4° Un Secrétaire et un Secrétaire adjoint,
5° Quatre Assesseurs.

Art. 2.

Ce Comité est élu chaque, année, par l'Assemblée générale ordinaire, au scrutin secret, à la majorité absolue des voix au premier tour, à la majorité relative au second tour.

Par exception, et, afin d'assurer à l'association qui commence l'unité de direction indispensable au succès de l'œuvre entreprise, le Président est élu pour une première période de trois années; cette période accomplie, il pourra être réélu pour une période de trois années consécutives, au gré des Sociétaires.

Tous les membres du Comité sont indéfiniment rééligibles.

Le Comité se réunit chaque mois, soit chez le Président, soit chez l'un des autres Membres du Bureau, pour y traiter les questions de toute nature relatives à l'administration, aux travaux et à la marche générale de la Société.

Tout Sociétaire a le droit d'adresser des propositions sur ces objets au Comité, par l'intermédiaire du Président.

Les décisions du Comité sont prises à la majorité des voix; la présence de cinq Membres au moins est nécessaire ; en cas de partage, la voix du Président est prépondérante.

DU PRÉSIDENT.

Art. 3.

Le Président a la direction de la Société qu'il représente officiellement vis-à-vis des tiers et de l'Autorité administrative.

Il convoque l'Assemblée générale et le Comité chaque fois qu'il le juge utile aux intérêts sociaux, il dirige les discussions.

Il est tenu de soumettre à l'examen du Comité toutes demandes, communications ou propositions relatives à l'Association, qui lui peuvent être adressées par les Sociétaires.

Il présente à l'Assemblée générale ordinaire un rapport d'ensemble sur les ouvrages, publiés pendant le précédent exercice ou dont la publication est proposée à la Société.

Il peut, par la voie de circulaires adressées à chaque membre, *consulter* la Société sur les questions qui ne lui sembleraient pas nécessiter la réunion de l'Assemblée générale.

Il remplit enfin, sous le contrôle du Comité, tous actes utiles au bon fonctionnement de la Société.

Les Vice-Présidents remplacent le Président empêché.

DE L'ARCHIVISTE-TRÉSORIER.

Art. 4.

L'Archiviste-Trésorier est l'Agent administratif de la Société. Il est chargé d'encaisser les droits d'entrée, cotisations et contributions individuelles de chaque membre aux publications de la Société ; il poursuit le recouvrement des créances et paye les dépenses sur le vu d'un Bon signé par le Président ; il a la garde des livres, registres et documents de toute nature appartenant à la Société ; il place et déplace les fonds, sous le contrôle du Président et du Comité ; il signe les contrats et traités avec les auteurs, artistes et industriels ; si besoin est, il exerce les actions en justice.

Il tient mensuellement ses collègues du Comité au courant de sa gestion et présente un rapport d'ensemble à l'Assemblée générale sur la situation financière de la Société.

DU SECRÉTAIRE.

Art. 5.

Le Secrétaire expédie la correspondance ; prépare les lettres de convocation (qui doivent mentionner l'Ordre du jour), tant pour les Assemblées générales que pour les séances du Comité, donne lecture des procès-verbaux et de tous documents qui lui sont remis à cet effet par le Président; il rédige des procès-verbaux sommaires de toutes les réunions, qui sont signés par lui et par le Président.

DES ASSESSEURS.

Art. 6.

Les Assesseurs assistent le Président dans les divers actes de son Administration; ils contrôlent avec lui les dépenses et donnent leur avis sur les questions qui leur sont soumises.

C'est toujours un des Assesseurs qui est désigné par le Président pour procéder à une enquête en cas de demande d'admission. Les Assesseurs peuvent suppléer temporairement le Président ou les Vice-Présidents empêchés.

DU DROIT D'ENTRÉE ET DE LA COTISATION.

Art. 7.

Conformément à l'article 8 des Statuts, chaque Sociétaire doit acquitter un Droit d'Entrée une fois payé et une Cotisation annuelle.

Le Droit d'Entrée est de *quinze francs* pour les

membres *fondateurs* et *Trois cents francs* pour les *nouveaux Titulaires*.

Toutefois, ceux des vingt-cinq candidats — n'ayant pu, à cause de leur adhésion tardive, être compris au nombre des Cent soixante fondateurs — qui seraient admis dans le courant de la première année d'exercice — (c'est-à-dire *jusqu'au* 1er *novembre* 1890) — ne seront astreints qu'à un Droit d'Entrée de quinze francs.

Les membres de la Société, anciens ou nouveaux, payent tous une Cotisation annuelle de *Cinquante francs*, ou une somme de *Mille* francs une fois versée.

Art. 8.

Le Droit d'Entrée est exigible dès le jour de l'admission.

La Cotisation annuelle est payable du premier Novembre au quinze Décembre.

Le Membre nouveau qui ne solderait pas ses Droits d'Entrée et de Cotisation dans les trente jours qui suivent son admission verra par ce seul fait son élection annulée.

Le sociétaire ancien qui n'aurait pas acquitté, dans les délais impartis, sa Cotisation et sa quote-part contributive, sera réputé démissionnaire.

Art. 9.

La quote-part contributive dans chaque publication

est due dès l'instant où l'Assemblée générale a choisi l'ouvrage et voté la dépense.

Cette contribution est payable : moitié au moment de la mise à exécution de l'ouvrage ; l'autre moitié au moment de sa distribution.

Ces deux époques de payement sont indiquées, un mois à l'avance, à chaque Sociétaire, par les soins de l'Archiviste-Trésorier.

Art. 10.

Ainsi qu'il résulte de l'Article 8 des Statuts, chaque Membre est débiteur envers l'association de sa quote-part dans les dépenses régulièrement votées par l'Assemblée générale ; ni la démission, ni la radiation ne peuvent le libérer à moins que le nouveau Membre élu consente à prendre, dans les frais, les lieu et place du Membre démissionnaire ou radié.

Art. 11.

Le montant des Droits d'Entrée, cotisations, contributions, etc., est payable à Paris, entre les mains de l'Archiviste-Trésorier.

Les Membres de la Société qui habitent la province ou l'étranger doivent indiquer le domicile d'un correspondant, à Paris, où leurs quittances pourront être présentées.

Ils peuvent aussi en adresser le montant au Trésorier ; s'ils le préfèrent, enfin, l'encaissement en pourra être effectué au lieu de leur résidence ; mais, dans ce cas, le coût du recouvrement sera à leur charge et ajouté à chaque traite ou reçu.

Si la traite ou la quittance présentée dans ces conditions revenait impayée, le Membre en retard serait considéré comme démissionnaire et rayé de la liste de la Société sans autre avis ni délai.

PUBLICATIONS DE LA SOCIÉTÉ.

De l'Annuaire.

Art. 12.

Le montant des Droits d'Entrée et des Cotisations sera employé aux frais de publication d'un *Annuaire* (frais de rédaction, impression, illustration, etc.), aux frais de bureau et à toutes dépenses utiles à la Société sans que toutefois la dépense puisse dépasser l'encaisse.

Les dépenses préparatoires effectuées pour la constitution de la Société seront prélevées sur les premiers fonds en caisse.

Art. 13.

L'*Annuaire*, dont la direction sera confiée au Président et qui constituera par lui-même une publication de luxe et de valeur, sera divisé en deux parties : la première contiendra les Statuts et Règlement, la composition du Comité, la liste des Membres, le compte rendu annuel de l'Archiviste-Trésorier, le rapport du Secrétaire, le rapport du Président et tous autres documents pouvant intéresser la Société, ainsi que de courtes notices biographiques sur les Membres décédés; — La seconde partie, contenant plusieurs illustrations, se composera d'une suite de Variétés littéraires, artistiques, bibliographiques, ayant toutes trait à la science et à l'art du Livre, et toutes dues exclusivement à des Membres de la Société.

Art. 14.

L'Annuaire sera distribué gratuitement à chaque sociétaire, dans le courant du mois d'octobre.

Le comité en fixera le tirage qui ne pourra dépasser *Deux cent cinquante* exemplaires, dont vingt-cinq seront éventuellement réservés aux Membres futurs qui en feront achat; le surplus sera mis en vente, chez des Libraires-Souscripteurs agréés par le Comité, à un prix déterminé par celui-ci et qui ne pourra être moindre de la moitié, ni supérieur au montant total d'une Cotisation annuelle.

LIVRES DE LA SOCIÉTÉ.

Art. 15.

La Société publie, chaque année, un ou, s'il est possible, plusieurs ouvrages.

Tout Sociétaire est apte à présenter, par écrit, au Président un projet de publication.

De concert avec le Comité et les Sociétaires — (deux à six) — auxquels il croit devoir faire appel en raison de leur compétence, le Président examine chaque proposition, tant sous le rapport du mérite de l'œuvre proposée qu'au point de vue de la dépense que nécessiterait son exécution.

Toute proposition qui n'est point écartée par le Comité ainsi constitué est soumise alors à l'approbation des Sociétaires que le Président *consulte* dans la forme suivante : il adresse à chaque Membre une lettre circulaire contenant un aperçu sommaire de la Publication proposée et une évaluation approximative des frais qu'elle entraînerait. — Chaque Sociétaire retourne, dans la quinzaine, sa réponse signée, sur un bulletin préparé *ad hoc* et joint à la circulaire.

Tout projet de publication réunissant contre lui l'opposition du tiers au moins des Sociétaires — (soit 54 suffrages) — est ajourné; il ne peut être représenté qu'au bout d'une année révolue, pour être soumis aux mêmes formalités que la première fois.

Si plusieurs ouvrages obtiennent pendant un même exercice l'approbation de la Société, c'est au Comité qu'il appartient de déterminer leur ordre de classement.

Conformément aux dispositions statutaires, aucune publication ne peut être mise en train si elle n'est adoptée et si la dépense n'en est votée par l'Assemblée générale.

EXÉCUTION DES OUVRAGES.

Art. 16.

Le Président a pleine liberté d'action pour l'exécution des livres acceptés par l'Assemblée générale ; il s'adjoint, s'il le juge utile, un ou plusieurs collaborateurs pris parmi les membres de l'association, choisit les artistes et industriels qui doivent exécuter l'ouvrage surveille et dirige leurs travaux, accepte ceux-ci ou les refuse, selon qu'il le juge à propos. Il ne peut toutefois engager la Société au delà des ressources existant en caisse.

D'ailleurs, le prix de revient de la ou des publications d'une même année ne peut dépasser DEUX CENTS FRANCS par sociétaire. Si, cependant, une publication exigeait une dépense plus élevée et s'il existait en caisse des fonds libres, le Comité pourrait, *par exception,* autoriser le Président à prélever sur ce fonds la somme nécessaire pour couvrir la totalité de la dépense ; mais les Sociétaires n'auraient point alors à contribuer au solde de cet excédent de frais.

Dans aucun cas le Sociétaire ne peut être tenu au delà de DEUX CENT CINQUANTE francs par année, cotisation et contribution comprises.

Art. 17.

Les artistes choisis pour illustrer les ouvrages publiés par la Société devront s'engager par écrit à livrer au Président :

1° Leurs dessins originaux, avec leurs esquisses, ébauches, projets, etc.; 2° leurs ébauches et les planches refusées; 3° tous leurs essais, épreuves refusées, épreuves d'état, épreuves d'artistes, de telle sorte qu'aucune trace de leur travail ne puisse subsister en dehors de la Société.

Les imprimeurs, taille-douciers, etc., s'engageront également par écrit à ne tirer que le nombre d'exemplaires fixé par l'Assemblée et à remettre tous les défets.

Art. 18.

Les exemplaires des ouvrages publiés par la Société seront uniformes; aucune épreuve d'essai, d'état, etc., ni autres documents préparatoires ne peuvent être mis à la disposition d'un Sociétaire; tous ces documents doivent être conservés aux Archives.

Les exemplaires sont numérotés à la presse et portent également imprimées les mentions suivantes : justification du tirage, titre de la Société, noms des destinataires.

Le tirage de chaque publication est limité à cent soixante-six exemplaires, dont la répartition a lieu comme suit : 160 exemplaires pour les membres de la Société, un pour ses archives, deux pour le Dépôt légal. — Les trois autres exemplaires sont offerts, à titre gratuit : 1° à l'auteur du texte de l'ouvrage ou à ses ayants droit; 2° à l'Institut de France; 3° à M. Octave Uzanne, *Premier Fondateur.*

Le Comité pourra, après examen, décider s'il y a lieu de faire un Tirage Supplémentaire d'exemplaires destinés tant aux Membres futurs (qui seraient tenus d'en acquitter la valeur), qu'à être offerts en hommage aux Présidents et Membres d'honneur. Ce tirage ne pourrait s'élever à plus de 25 exemplaires au maximum.

Aucun de ces exemplaires ne pourra être mis en vente.

Le Comité déterminera et fera connaître aux Sociétaires la date et le mode de distribution de chaque publication.

LIQUIDATION DES PUBLICATIONS.

Art. 19.

A l'Assemblée générale qui suivra la distribution d'un ouvrage, le Président fera un rapport sommaire et justifiera de l'emploi de tous les exemplaires tirés.

Il fera en même temps procéder, sous les yeux de l'Assemblée, à la destruction de toutes les planches refusées ou ayant servi à l'illustration, des volumes restés sans emploi, des projets, ébauches, esquisses, dessins refusés, tous les essais, épreuves d'état, d'artistes, épreuves refusées et de tous autres défets.

Art. 20.

Les dessins *originaux* (numérotés et paraphés par le Président) seront, dans la même Assemblée, vendus aux enchères parmi les Sociétaires. La vente aura lieu au comptant et le procès-verbal de la réunion mentionnera le nom de l'acquéreur et le prix obtenu par les dessins.

En aucun cas, ces dessins ne pourront être adjugés à un prix inférieur à la moitié de celui qu'ils auront coûté à la Société. S'ils ne trouvaient pas d'acquéreur à ce prix, ils seraient brûlés devant l'Assemblée générale.

Art. 21.

Toute modification au présent Réglement, soit proposée par le Président ou le Comité, soit demandée par un groupe d'au moins vingt Membres, ne pourra être mise en vigueur qu'après un vote conforme de l'Assemblée générale.

FIN

LISTE DES MEMBRES FONDATEURS
DE LA SOCIÉTÉ
DES
BIBLIOPHILES CONTEMPORAINS

Académie des Beaux Livres

LISTE
DES MEMBRES FONDATEURS

FONDATEUR DE LA SOCIÉTÉ

Octave Uzanne

17, QUAI VOLTAIRE, PARIS

PRÉSIDENCE D'HONNEUR

S. M. la Reine Élisabeth de Roumanie, à Bucharest
S. A. R. Mgr le duc d'Aumale, à Chantilly

MEMBRES D'HONNEUR

S. E. Lord Lytton, ambassadeur d'Angleterre
à l'ambassade, faubourg Saint-Honoré, 39
M. Léopold Delisle, Directeur de la Bibliothèque Nationale.

Membres Fondateurs :

AIGLE (le comte DE L'), député de l'Oise, 12, rue d'Astorg, Paris.
ARBAUD (Paul) (des *Amis des Livres*), à Aix en Provence.
ARCHBOLD-ASPOL (Charles), négociant, à Cette (Hérault).

Arnal (Albert) (des *Amis des Livres*), 57, avenue d'Antin, Paris.

Ashbee (H.-S.) (*Society of antiquaries*), 53, Bedfort square, Londres.

Bellemain (André), architecte (des *Amis des Livres*, de Lyon), 25, rue Saint-Pierre, Lyon.

Bellon (Camille), rentier (des *Amis des Livres*, de Lyon), 50, avenue Roaillet, Lyon.

Bellon (Paul), 9, rue de la République, Lyon.

Bengesco (Georges, Conseiller de la légation de Roumanie, 21, rue Beaujon, Paris.

Beraldi (Pierre-Louis), ancien Sénateur, 68, rue Blanche, Paris.

Beraldi (Henri) (des *Amis des Livres*), 65, rue d'Anjou, Paris.

Bormenville de Berlaymont (comte Guy de) (des Bibliophiles de Belgique), Hamois-Condroz (château de Bormenville), Belgique.

Bernard (vicomte de), ancien officier de marine, à Bellerive, par le Cendre (Puy-de-Dôme).

Bezuel d'Esvenal (baron), 29, rue Saint-Guillaume, Paris.

Bibesco (prince Alexandre), 69, rue de Courcelles, Paris.

Blacque (Valentin), banquier, 39 Est. 33e rue, à New-York.

Blondeau (Paul), banquier, 9, rue de Prony, Paris.

Bocquin (Jules), ingénieur, rue de la Terrasse, 6 *bis*, Paris.

BOISSY (Paul DE), 26, avenue Marceau, Paris.

BONAPARTE (S. A. I. le prince Roland), 22, Cours la Reine, Paris.

BONNEFOY (Pierre), ingénieur, à Ismaïlia (Égypte), Compagnie du Canal de Suez.

BORMANS (Paul van der VRECKEN DE), secrétaire d'ambassade, 103, rue de Rennes, Paris.

BOUGARD (docteur Émile) (des *Amis des Livres*), à Bourbonne-les-Bains (Haute-Marne).

BOULLAND (Georges), commissaire-priseur, 26, rue des Petits-Champs, Paris.

BOVET (Alfred), autographophile, à Valentigney (Doubs).

BRISSAUD (docteur Édouad), médecin du chemin de fer d'Orléans, 9, quai Voltaire, Paris.

BRIVOIS (Jules) (des *Amis des Livres*), 10, rue Montpensier, Paris.

BROCA (André), préparateur de physique à la faculté de médecine, 211, boulevard Saint-Germain, Paris.

BRUN (M.-E. Irénée), négociant, 12, rue de Jarente, Lyon.

CARTIER (Alfred) (Société d'histoire de Genève), Florissant, 2, à Genève (Suisse).

CHARMEL (baron Fernand DE), château de Vaussieux, par Saint-Léger-Carcagny (Calvados).

CHAZE (Ernest), 18, quai de Béthune, Paris.

CHÉRET (Jules), dessinateur lithographe, 18, rue Brunel, les Ternes, Paris.

Cherrier (Henri), notaire (des *Amis des Livres*), rue du Louvre, 44, Paris.

Copley-Christie (Richard), président de *The Chetham Society*, the Elms Rochampton, S. W., par Londres.

Clapiers (comte de), 71, rue de Grenelle, Paris.

Claretie (Jules), de l'Académie française, 10, rue de Douai, Paris.

Collet (Émile), avoué, 24, avenue de l'Opéra, Paris.

Colomb (Victor), de la Société d'archéologie de la Drôme, 13, rue du Jeu-de-Paume, à Valence.

Comte (Jules), Directeur des bâtiments civils et des Palais nationaux, 8, rue de Greffulhe, Paris.

Contades (comte de), 28, avenue Marceau, Paris.

Corcelle (François de), Conseiller d'ambassade, 88, rue de Varenne, Paris.

Cornil (docteur H.-V.), professeur à la faculté de médecine, Sénateur, 19, rue Saint-Guillaume, Paris.

Cousin (Charles), Inspecteur principal délégué à l'exploitation des Chemins de fer du Nord, vice-président des *Amis des livres*, 20, rue de Dunkerque, Paris.

David (docteur T.-H.), Député des Alpes-Maritimes, 180, boulevard Saint-Germain, Paris.

Delacroix (Norbert), professeur à l'école spéciale, rue Smolna, 19, à Varsovie (Pologne Russie).

Delafosse (Charles), avocat (des *Amis des livres*), rue Saint-Guillaume, 32, Paris.

Deladerière (Gustave), industriel, 11, rue du Grand-Breuille, à Valenciennes (Nord).

Delierre (Auguste), artiste peintre, 204, boulevard Saint-Germain, Paris.

Delpit (Albert), homme de lettres, 8, avenue Percier, Paris.

Démory (Georges), propriétaire, 161, boulevard Haussmann, Paris.

Dervillé (Stéphane), juge au Tribunal de commerce, 37, rue Fortuny, Paris.

Desaix (Ulrich-Richard), propriétaire aux Minimes, à Issoudun (Indre).

Descamps-Scrive, 23, boulevard Vauban, Lille (Nord).

Déseglise (Victor) (des *Amis des livres*), 24, rue Singer, Paris-Passy.

Doby (l'abbé), vicaire à Saint-Thomas d'Aquin, 37, rue du Bac, Paris.

Droin (Ernest) (des *Amis des livres*), 53 *bis*, quai des Grands-Augustins.

Drujon (A.-Fernand), Bibliographe (des *Amis des livres*), 17, rue du Vieux-Colombier, Paris.

Dubois (Henri), négociant, 30, rue d'Angleterre, à Lille (Nord).

Dubufe (Guillaume) fils, artiste peintre, 43, avenue de Villiers, Paris.

Durand (Armand), 8, rue de Furstemberg, Paris.

Esperonnière (comte René de), château de Soulaye, par Condé (Maine-et-Loire).

Eudel (Paul), critique d'art, 9, rue Victor-Massé, Paris.

Fabre (Auguste) (des *Amis des livres,* de Lyon), à Méribel (Ain).

Ferrari (Henri), homme de lettres, 6, rue du Pont-de-Lodi, Paris.

Forest (Georges Beach de) (*Grolier-Club*), 14, East 50 th street, New-York city, à New-York.

Fournier (docteur Alfred), membre de l'Académie de médecine, 1, rue Volney, Paris.

Fournier (P.-L.-Ange), substitut du procureur de la République, 43, rue d'Amsterdam, Paris.

Gadala (Charles), agent de change, 21, boulevard Poissonnière, Paris.

Garon (Henri) (des *Amis des livres,* de Lyon), 76, cours Vitton, à Lyon.

Gausseron (B.-H.) professeur de l'Université, 55 *bis*, rue de l'Assomption, Paris-Passy.

Gille (Philippe), auteur dramatique, 62, rue Jouffroy, Paris.

Girandeau (docteur Abel) (des *Amis des livres*), 174, boulevard Haussmann, Paris.

Goncourt (Edmond de), homme de lettres, 53, boulevard de Montmorency, à Auteuil.

Granges (marquis de Surgères de), 66, rue Saint-Clément, à Nantes (Loire-Inférieure).

Haggin (Blanche B.), 15, rue de Montchanin, Paris.

Hellot (Alexandre), ancien officier d'artillerie, 62, boulevard Malesherbes, Paris.

Hettier (Charles), rue Guilbert, 27, à Caen (Calvados).
Hornung (Albert), brasseur, 29, Grand-Faubourg, à Chartres (Eure-et-Loir).
Houssaye (Henri), homme de lettres, 47, avenue Friedland, Paris.
Houyvret (Henri), substitut du procureur de la République, à Argentan (Orne).

Imhoof-Blumer (Frédéric), à Winterthur (Suisse).

Jacob (Eugène-Amédée), notaire honoraire, à Angerville (Seine-et-Oise).

Knight (Joseph), homme de lettres, 27, Camden Square, à Londres, N. W.
Kuhnholtz-Lordat (Achille), 23, rue Saint-Guilhem, à Montpellier (Hérault).

Lacombe (Paul), bibliographe parisien, 5, rue de Moscou, Paris.
Lacroix-Laval (vicomte de), capitaine au 11e dragons, à Tarascon (Bouches-du-Rhône).
Lafaurie (baron), 45, rue de Courcelles, Paris.
Lagarrique (Fernand), consul honoraire, Château-de-Mus, par Murviel-les-Béziers (Hérault).
Launette (Henri), ancien éditeur, 6, rue Bernard-Palissy, Boulogne (Seine).
Lavedan (Henri), homme de lettres, 12, rue du Pré-aux-Clers, Paris.

LECLAIRE (Joseph), ingénieur, 40, boulevard Henri IV, Paris.

LEVI (le commandeur Cesare-Augusto), directeur du Musée de Torcello, Grand Canal, palais Levi, à Venise.

LEIRIS (Louis DE), avocat, 10, rue Saint-Dominique, à Lyon.

LELOIR (Maurice), artiste peintre, 21, avenue Gourgaud, Paris.

LEMAIRE (Mme Madeleine), artiste peintre, 31, rue de Montceau, Paris.

LEMAN (Jacques), artiste peintre, 50, avenue des Ternes, Paris.

LEPETIT (Jules), bibliographe, 24, rue du Buisson-Saint-Louis, Paris.

LOMBARD (L.-Félix), député de l'Isère, 271, rue Saint-Honoré, Paris.

LORIOL (Louis DE), ingénieur (des *Amis des livres*, de Lyon), 46, rue Centrale, Lyon.

LUCAS (Paul) (des *Amis des livres*), 16, rue de la Grange-Batelière, Paris.

LUDLOW (Thomas-William), cottage Lawn-Yonkers, à New-York.

MAGNARD (Charles), notaire, à Dardilly, par et près Lyon (Rhône).

MAGNARD (Francis), Directeur du *Figaro*, 27, boulevard de Montmorency, Paris.

MANCHON (Léon), rentier, 56, rue du Rocher, Paris.

Maneyro (Luis), consul du Mexique, 104, rue Saint-Sernin, Bordeaux.

Mariani (Angelo), 11, rue Scribe, Paris.

Marshal (Julian), homme de lettres, 13, Belsize avenue, Londres, N.-W.

Massagli (Charles), professeur à la Faculté de droit, 25, avenue de l'Observatoire, Paris.

Meignen (Henri le), vice-président des Bibliophiles bretons, 7, rue Bonne-Louise, Nantes.

Mendès (Catulle), homme de lettres, 18, rue Berlioz, Paris.

Mercier (L.-Victor), juge au tribunal civil de la Seine, 1, rue Volney, Paris.

Meurice (Paul), homme de lettres, 24, rue Fortuny, Paris.

Monceau (Julie de) (Mme May), 7, rue Logelbach, Paris.

Monnereau (docteur Arthur), à Barbezieux (Charente).

Montozon (G. de), avocat, 51, rue Pierre-Charron, Paris.

Nevez (Francisco), rue de San-Pedro d'Alcantara, 95, Lisbonne (Portugal).

Noel (Arthur), 17, rue Regnard, au Havre (Seine-Inférieure).

Odinet (Ernest), 14, rue Édouard-Larue, au Havre (Seine-Inférieure).

Ollivier (docteur Auguste), professeur à la Faculté de médecine de Paris, 5, rue de l'Université, Paris.

Olombel (Philippe), manufacturier, 24, rue Godot-de-Mauroy, Paris.

Ouachée (Charles), (des *Amis des livres*), 17, quai Conti, Paris.

Paillet (Eugène), Conseiller à la Cour d'appel, président des *Amis des livres*, 40, rue de Berlin, Paris.

Pasquier (J.-H.), avocat, 3, rue d'Argenson, Paris.

Paz (José), ministre plénipotentiaire de la République argentine, 22, rue de Téhéran, Paris.

Pelay (Édouard), ex-président de la Société rouennaise des bibliophiles, 74, rue de Crosne, Rouen (Seine-Inférieure).

Peralta (Manuel de), ministre plénipotentiaire de Costa-Rica, 3, rue de Castiglione, Paris.

Piat (Alfred), ancien notaire, 68, avenue d'Iéna, Paris.

Piet (Alfred), Archiviste-trésorier des *Amis des livres*, 17, boulevard de la Madeleine, Paris.

Pochet (Georges), 74, boulevard Magenta, Paris.

Pommereul (baron de), 47, avenue des Champs-Élysées, Paris.

Pontavice de Heussey (comte du), boulevard de Sévigné, 40, à Rennes (Ille-et-Vilaine).

Puy (Paul du), maire de Vitry (Maine-et-Loire), 61, avenue d'Antin, Paris.

Quantin (Albert), ancien éditeur, 6, rue du Regard, Paris.

Quentin-Bauchard (Maurice), 31, rue François Ier, Paris.

Read (général Meredith), ancien ministre des États-Unis, 128, rue de la Boëtie, Paris.

Refuge (Edgar Gourio de), ex-receveur des finances, 12, rue Ribeira (Auteuil), Paris.

Revertegat, lieutenant de vaisseau, Indo-Chine, chez Ferroud, libraire, 192, boulevard Saint-Germain.

Riboud, avocat, à Lyon, quai Tilsitt, 27.

Richepin (Jean), homme de lettres, 9, rue Galvani, Paris.

Richet (Charles) professeur, à la Faculté de médecine, 15, rue de l'Université, Paris.

Ridder (Gustave de), avocat, 6, avenue du Coq, Paris.

Robert (Julien) (des *Amis des livres*), à Font-Lade, près Brignols (Var).

Rodrigues (Eugène), avocat des *Amis des livres*, 16, rue Moncey, Paris.

Rubattel (Gustave), Directeur des bureaux de Paris au *Crédit Lyonnais*, président des *Amis des livres*, de Lyon, 11, rue du Havre, Paris.

Salvert-Bellenave (Étienne de), ingénieur de la marine, 13, rue de l'Université, Paris.

Sarcey (Francisque), homme de lettres, 53, rue de Douai, Paris.

SCHUCK (Léon), place Saint-Férréol, Marseille.

SEGOND (Paul), professeur à la Faculté de médecine de Paris, 11, quai d'Orsay.

SOCQUET (Jules), médecin expert près le Tribunal de 1re instance de la Seine, 6, boulevard Richard-Lenoir, Paris.

TELLER-GIRON (Dolorès), marquise de Lombay, Casa Lombay, avenue d'Osuna, à Biarritz (Basses-Pyrénées.

THÉVENIN (Marcel), Directeur à l'École des hautes études, 17, rue de Médicis, Paris.

THUILE (Henri), chef de district aux chemins de fer de l'État, rue Barbotin, à Bressuire (Deux-Sèvres).

TISSANDIER (Gaston), homme de lettres, 19, avenue de l'Opéra, Paris.

TOULGOET-TREANNA (comte DE), 21, avenue des Champs-Élysées, Paris.

VEVER (Henri), joaillier, 19, rue de la Paix, Paris.

VICAIRE (Georges), homme de lettres, 24, rue Singer, Paris.

VIGEANT (Arsène), bibliographe de l'escrime, 108, rue de Rennes, Paris.

VIGNEAUX (Henri), assureur maritime, 83, rue Saint-Sernin, Bordeaux.

WERLÉ (comte A. DE) (des *Amis des livres*), à Reims (Marne).

MEMBRES SUPPLÉANTS

par ordre d'inscription.

Pradeau (F.-Joseph), Paris, 70, rue de Rennes.

Galichon (Louis), critique d'art, 15, boulevard Malesherbes, Paris.

Tual (Léon), commissaire-priseur (des *Amis des livres*), 56, rue de la Victoire, Paris.

Soufflot (Paul), juge au Tribunal de commerce, Paris, 53, rue de Lisbonne.

Meynard (Albert), Paris, 17, rue Saint-Fiacre.

Pratt (Charles-Edwards), avocat (Boston), 79, Franklin street, Boston, Mass. U. S.

Roux (Agricole), notaire, à Cavaillon (Vaucluse), Grande-Rue.

Hirsch (Henry), avocat, Paris, 3, rue des Poitevins.

Denegri (Pedro), Buenos-Ayres (République argentine).

Gavoty (Georges), avocat, Paris, 17, rue de Suresnes.

L'Huillier de Lamardelle (Henri), château de Coffy (Indre-et-Loire), par Montrésor.

Festugière (Paul), 25, rue d'Antin, Paris.

Paquignon (J.), Paris, 52, rue Lafayette.

Bourdery (L.-J.-Baptiste), docteur en médecine à Cozals (Lot).

Guillon (Léon), Paris, 7, rue Choron.

Lebeuf (Charles), Paris, 52, avenue Kléber.

Moreau (Paul), avocat, Paris, 8, rue des Écoles.

Masson (Paul), rentier, Paris, 2, rue Mazagran.

Sauveur (Michel), Saint-Étienne (Loire), rue de la Loire, 4.

Devansaye (Alphonse de la), Noyant-Méon (Maine-et-Loire), au château du Fresne.

Fraipont (Gustave), artiste dessinateur, Paris, 72, rue du Cherche-Midi.

Ferrier, (de Calvocoressi-Antoine), Marseille, 14, rue du Muguet.

NOTA. — Sur les vingt-cinq membres suppléants, choisis lors de la constitution provisoire de la Société en avril 1889, les trois premiers par ordre d'inscription sont devenus membres fondateurs. Ce sont : 1° M. André Broca, en remplacement de M. Maurice Jametel, décédé; 2° M. Irénée Brun, de Lyon, remplaçant M. Armand Hayem également décédé; 3° M. Descamps-Scrive, de Lille, prenant, la place de M. Albert Chevereau, notaire à Tours, démissionnaire pour raisons privées.

TABLE DES ARTICLES

STATUTS

RÈGLEMENT INTÉRIEUR

Achevé d'imprimer

Par la Maison Quantin

POUR

LES BIBLIOPHILES CONTEMPORAINS

Sous la direction du Premier Fondateur

OCTAVE UZANNE

Ce quatre Novembre mil huit cent quatre-vingt-neuf.

www.ingramcontent.com/pod-product-compliance
Ingram Content Group UK Ltd.
Pitfield, Milton Keynes, MK11 3LW, UK
UKHW020429230726
13925UKWH00004B/1665

9 782014 107579